Latin Vocabulary
for Key Stage 3 and Common Entrance

Fourth edition

R C Bass

www.galorepark.co.uk

Published by Galore Park Publishing Ltd
Carmelite House, 50 Victoria Embankment, London, EC4Y 0DZ
www.galorepark.co.uk
Text copyright © Robert C Bass

The right of Robert Bass to be identified as the author of this work has been asserted by him in accordance with sections 77 and 78 of the Copyright, Designs and Patents Act 1988.

Cover design GMD, Ipswich, Suffolk
Typesetting Qué, Kent
Printed by Hobbs the Printers Ltd, Totton, Hampshire

ISBN: 978 0903627 66 5

All rights reserved. No part of this publication may be sold, reproduced, stored in a retrieval system, or transmitted, in any form or by any means, electronic, mechanical, photocopying, recording, or otherwise, without the prior written permission of the copyright owner or a licence permitting restricted copying issued by the Copyright Licensing Agency, Saffron House, 6-10 Kirby Street, London EC1N 8TS.

First edition published 1999
Second edition published 2002
Third edition published 2006
Fourth edition published 2008, reprinted 2008, 2009, 2011, 2012, 2013, 2014, 2015, 2016, 2017, 2018, 2020, 2021, 2023

Front cover image: Peter Barritt/Alamy

Details of other ISEB Revision Guides for Common Entrance, Examination papers and Galore Park publications are available at www.galorepark.co.uk

CONTENTS

Introduction 1

Latin-English Dictionary 2-15

English-Latin Dictionary 16-29

Sections for Learning 30-47
   Adjectives – first/second declension 30-31
   Adjectives – third declension 31
   Adverbs 32-33
   Conjunctions 33
   Nouns – first declension 34
   Nouns – second declension 35-36
   Nouns – third declension 37-38
   Nouns – fifth declension 38
   Nouns – irregular 38
   Numbers – cardinal 39
   Numbers – ordinal 40
   Particles 41
   Prepositions 41
   Pronouns 42
   Question words 42
   Verbs – first conjugation 43-44
   Verbs – second conjugation 44
   Verbs – third conjugation 45
   Verbs – fourth conjugation 46
   Verbs – mixed conjugation 46
   Verbs – irregular 47

INTRODUCTION

The aim of this vocabulary is to help you to build a firm foundation in Latin and to help you to prepare for the Common Entrance examination.

In the learning sections items which are required for the various levels of the Common Entrance paper are indicated by bordered boxes and a symbol. The boxes with a single line border (L1) indicate vocabulary items prescribed for Level One; the boxes with a double line border (L2) indicate words prescribed for Level Two; the boxes with a triple line border (L3) indicate the Level Three prescription. These learning sections have also been numbered in the margin for easy classroom reference.

Verbs of the mixed conjugation are denoted as 3½.

As is normal in lists of this type, the principal parts of verbs are given, followed by their conjugation (in brackets). For nouns, the nominative, genitive, declension number (in brackets) and gender is given. For adjectives, masculine, feminine and neuter forms are given or, in the case of some 3rd declension adjectives, a nominative and genitive form. For 3rd declension adjectives, the declension number is given. Prepositions are given with the case they govern. Parts of speech are given only where there may be cause for confusion.

R C Bass
Orwell Park School

Abbreviations:

abl.	ablative	subj.	subjunctive
acc.	accusative	prep.	preposition
dat.	dative	infin.	infinitive
conj.	conjunction	irreg.	irregular

LATIN-ENGLISH

A

a, ab + abl.	from, by
absum, abesse, afui (irreg.)	I am away
accipio, accipere, accepi, acceptum (3½)	I receive
ad + acc.	to, towards
adeo, adire, adii, aditum (irreg.)	I approach
adsum, adesse, adfui (irreg.)	I am present
advenio, advenire, adveni, adventum (4)	I arrive
aedifico, aedificare, aedificavi, aedificatum (1)	I build
afu- (see absum)	
ager, agri (2), m.	field
agricola, agricolae (1), m.	farmer
alius, alia, aliud	other
altus, alta, altum	high, deep
ambulo, ambulare, ambulavi, ambulatum (1)	I walk
amicus, amici (2), m.	friend
amo, amare, amavi, amatum (1)	I love, like
ancilla, ancillae (1), f.	maidservant
animal, animalis (3), n.	animal
annus, anni (2), m.	year
ante + acc. (prep.)	before
antequam (conj.)	before
appropinquo, -are, -avi, -atum (1)	I approach
aqua, aquae (1), f.	water
arma, armorum (2), n. pl.	weapons
audax, audacis (3)	bold
audio, audire, audivi, auditum (4)	I hear, listen to
aurum, auri (2), n.	gold
aut	or
autem	however, but
auxilium, auxilii (2), n.	help

B

bellum, belli (2), n.	war
bene	well

bibo, bibere, bibi (3) .... I drink
bonus, bona, bonum .... good

C

caelum, caeli (2), n. .... sky
canto, cantare, cantavi, cantatum (1) .... I sing
capio, capere, cepi, captum (3½) .... I take, capture
carus, cara, carum .... dear
celer, celeris, celere (3) .... quick
celeriter .... quickly
centum .... a hundred
cep- (see capio)
ceteri, ceterae, cetera (pl.) .... the rest (of)
cibus, cibi (2), m. .... food
circum + acc. .... around
civis, civis (3), m. .... citizen
clamo, clamare, clamavi, clamatum (1) .... I shout (verb)
clamor, clamoris (3), m. .... shout (noun)
clarus, clara, clarum .... clear, bright, famous
coact- (see cogo)
coeg- (see cogo)
cogo, cogere, coegi, coactum (3) .... I force
colligo, colligere, collegi, collectum (3) .... I collect
comes, comitis (3), m./f. .... companion
coniunx, coniugis (3), m./f. .... wife, husband
conspicio, conspicere, conspexi, conspectum (3½) .... I catch sight of
constituo, constituere, constitui, constitutum (3) .... I decide
consumo, consumere, consumpsi, consumptum (3) .... I eat
contendo, contendere, contendi, contentum (3) .... I hurry, march
contra + acc. .... against
convenio, convenire, conveni, conventum (4) .... I meet
copiae, copiarum (1), f. pl. .... forces
corpus, corporis (3), n. .... body
cras .... tomorrow
credo, credere, credidi, creditum + dat. (3) .... I believe, trust
crudelis, crudelis, crudele (3) .... cruel
cucurr- (see curro)

cum + abl.	with
cupio, cupere, cupivi, cupitum (3½)	I desire, want
cur?	why?
curro, currere, cucurri, cursum (3)	I run
custodio, custodire, custodivi, custoditum (4)	I guard (verb)
custos, custodis (3), m.	guard (noun)

D

dat- (see do)	
de + abl.	down from, about
dea, deae (1), f.	goddess
decem	ten
decimus, decima, decimum	tenth
ded- (see do)	
defendo, defendere, defendi, defensum (3)	I defend
deinde	then, next
deleo, delere, delevi, deletum (2)	I destroy
deus, dei (2), m.	god
dico, dicere, dixi, dictum (3)	I say
dict- (see dico)	
dies, diei (5), m.	day
difficilis, difficilis, difficile (3)	difficult
discedo, discedere, discessi, discessum (3)	I depart
diu	for a long time
dix- (see dico)	
do, dare, dedi, datum (1)	I give
dominus, domini (2), m.	master
donum, doni (2), n.	gift
dormio, dormire, dormivi, dormitum (4)	I sleep
duco, ducere, duxi, ductum (3)	I lead
dum	while
duo	two
duodecim	twelve
duodeviginti	eighteen
dux, ducis (3), m.	leader, general

E

e, ex + abl.	out of
effugio, effugere, effugi (3½)	I escape
ego	I
eo, ire, ii (or ivi), itum (irreg.)	I go
equus, equi (2), m.	horse
erro, errare, erravi, erratum (1)	I wander
esse (see sum)	
et	and
et ... et ...	both ... and ...
etiam	also, even
ex + abl.	out of
exeo, exire, exii, exitum (irreg.)	I go out
exspecto, exspectare, exspectavi, exspectatum (1)	I wait for

F

facilis, facilis, facile (3)	easy
facio, facere, feci, factum (3½)	I make, do
fec- (see facio)	
felix, felicis (3)	lucky, fortunate
femina, feminae (1), f.	woman
fero, ferre, tuli, latum (irreg.)	I carry
fessus, fessa, fessum	tired
festino, festinare, festinavi, festinatum (1)	I hurry
fides, fidei (5), f.	trust, faith, promise
filia, filiae (1), f.	daughter
filius, filii (2), m.	son
flumen, fluminis (3), n.	river
forte	by chance
fortis, fortis, forte (3)	brave, strong
fortiter	bravely
frater, fratris (3), m.	brother
frustra	in vain
fu- (see sum)	
fugio, fugere, fugi, fugitum (3½)	I flee

G

gens, gentis (3), f.	race
gero, gerere, gessi, gestum (3)	I carry on, do
gladius, gladii (2), m.	sword
Graecus, Graeca, Graecum	Greek

H

habeo, habere, habui, habitum (2)	I have
habito, habitare, habitavi, habitatum (1)	I live
hasta, hastae (1), f.	spear
heri	yesterday
hic	here
hic, haec, hoc	this; he, she, it
hodie	today
homo, hominis (3), m./f.	man, person
hora, horae (1), f.	hour
hostes, hostium (3), m. pl.	the enemy

I

i- (see eo)	
iacio, iacere, ieci, iactum (3½)	I throw
iam	now, already
ibi	there
idem, eadem, idem	the same
iec- (see iacio)	
igitur	therefore
ille, illa, illud	that; he, she, it
impero, imperare, imperavi, imperatum (1) + dat.	I order
in + abl.	in, on
in + acc.	into
incola, incolae (1), m./f.	inhabitant
ineo, inire, inii, initum (irreg.)	I go in, enter
ingens, ingentis (3)	huge
insula, insulae (1), f.	island
inter + acc.	among, between
interea	meanwhile

Latin	English
interficio, interficere, interfeci, interfectum (3½)	I kill
intro, intrare, intravi, intratum (1)	I enter, go in
invenio, invenire, inveni, inventum (4)	I find
ipse, ipsa, ipsum	himself, herself, itself
ira, irae (1), f.	anger
iratus, irata, iratum	angry
is, ea, id	he, she, it; that
itaque	and so
iter, itineris (3), n.	journey
iterum	again
itiner- (see iter)	
iubeo, iubere, iussi, iussum (2)	I order
iuss- (see iubeo)	
iut- (see iuvo)	
iuvenis, iuvenis (3), m.	young man
iuvo, iuvare, iuvi, iutum (1)	I help
iv- (see eo)	

L

labor, laboris (3), m.	work (noun)
laboro, laborare, laboravi, laboratum (1)	I work (verb)
laetus, laeta, laetum	happy
lat- (see fero)	
laudo, laudare, laudavi, laudatum (1)	I praise
lect- (see lego)	
lego, legere, legi, lectum (3)	I read, choose
lente	slowly
liber, libri (2), m.	book
libero, liberare, liberavi, liberatum (1)	I set free
locus, loci (2), m.	place
longus, longa, longum	long
luc- (see lux)	
ludo, ludere, lusi, lusum (3)	I play
lus- (see ludo)	
lux, lucis (3), f.	light

M

magister, magistri (2), m.	master, teacher
magnopere	greatly
magnus, magna, magnum	big, great
malus, mala, malum	bad
maneo, manere, mansi, mansum (2)	I remain
mans- (see maneo)	
mare, maris (3), n.	sea
mater, matris (3), f.	mother
medius, media, medium	middle (of)
meus, mea, meum	my
miles, militis (3), m.	soldier
milit- (see miles)	
mille	a thousand
mis- (see mitto)	
miser, misera, miserum	wretched
mitto, mittere, misi, missum (3)	I send
moneo, monere, monui, monitum (2)	I warn, advise
mons, montis (3), m.	mountain
mora, morae (1), f.	delay
mors, mortis (3), f.	death
mortuus, mortua, mortuum	dead
mot- (see moveo)	
moveo, movere, movi, motum (2)	I move
mox	soon
mulier, mulieris (3), f.	woman
multus, multa, multum	much, many
murus, muri (2), m.	wall

N

nam	for
narro, narrare, narravi, narratum (1)	I tell
nauta, nautae (1), m.	sailor
navigo, navigare, navigavi, navigatum (1)	I sail
navis, navis (3), f.	ship
ne + subj.	not to; in order not to

-ne?	(turns the sentence into an open question)
nec	nor, and not ...
neco, necare, necavi, necatum (1)	I kill
nemo	no one
neque	nor, and not ...
nihil	nothing
nobilis, nobilis, nobile (3)	noble
noct- (see nox)	
noli + infin.	do not ...! (singular)
nolite + infin.	do not ...! (plural)
nolo, nolle, nolui (irreg.)	I do not want
nomen, nominis (3), n.	name
non	not
nonaginta	ninety
nonne?	surely ...? (indicates a question which expects the answer 'yes')
nonus, nona, nonum	ninth
nos	we
noster, nostra, nostrum	our
notus, nota, notum	well known
novem	nine
novus, nova, novum	new
nox, noctis (3), f.	night
num?	surely ... not ...? (indicates a question which expects the answer 'no')
numquam	never
nunc	now
nuntio, nuntiare, nuntiavi, nuntiatum (1)	I announce
nuntius, nuntii (2), m.	messenger

O

occido, occidere, occidi, occisum (3)	I kill
occupo, occupare, occupavi, occupatum (1)	I seize
octavus, octava, octavum	eighth
octo	eight
octoginta	eighty
olim	once
omnis, omnis, omne (3)	all
oper- (see opus)	
oppidum, oppidi (2), n.	town
oppugno, oppugnare, oppugnavi, oppugnatum (1)	I attack
opus, operis (3), n.	work, task
ostendo, ostendere, ostendi, ostentum (3)	I show

P

paene	almost
parens, parentis (3), m./f.	parent
paro, parare, paravi, paratum (1)	I prepare
pars, partis (3), f.	part
parvus, parva, parvum	small
pater, patris (3), m.	father
patria, patriae (1), f.	native land
pauci, paucae, pauca	few (plural adjective)
pecunia, pecuniae (1), f.	money
pello, pellere, pepuli, pulsum (3)	I drive
pepul- (see pello)	
per + acc.	through, along
pereo, perire, perii, peritum (irreg.)	I perish
periculum, periculi (2), n.	danger
persuadeo, persuadere, persuasi, persuasum (2) + dat.	I persuade
perterritus, perterrita, perterritum	frightened
peto, petere, petivi, petitum (3)	I seek
poeta, poetae (1), m.	poet
pono, ponere, posui, positum (3)	I put
porto, portare, portavi, portatum (1)	I carry

posit- (see pono)
possum, posse, potui (irreg.) .... I am able
post + acc. .... after (prep.)
postea .... afterwards
    (adverb)
postquam .... after (conj.)
posu- (see pono)
potu- (see possum)
praemium, praemii (2), n. .... reward
primus, prima, primum .... first
princeps, principis (3), m. .... chief
pro + abl. .... on behalf of, in
    front of
proelium, proelii (2), n. .... battle
prope + acc. .... near
propter + acc. .... because of
puella, puellae (1), f. .... girl
puer, pueri (2), m. .... boy
pugno, pugnare, pugnavi, pugnatum (1) .... I fight
pulcher, pulchra, pulchrum .... beautiful
puls- (see pello)
punio, punire, punivi, punitum (4) .... I punish

Q

quadraginta .... forty
quam .... than
quamquam .... although
quartus, quarta, quartum .... fourth
quattuor .... four
quattuordecim .... fourteen
-que .... and
qui, quae, quod .... who, which
quid? .... what?
quindecim .... fifteen
quinquaginta .... fifty
quinque .... five
quintus, quinta, quantum .... fifth
quis? .... who?

quod .... because
quoque .... also

R

rect- (see rego)
redeo, redire, redii, reditum (irreg.) .... I return, go back
reduco, reducere, reduxi, reductum (3) .... I lead back
reduct- (see reduco)
redux- (see reduco)
regina, reginae (1), f. .... queen
rego, regere, rexi, rectum (3) .... I rule
relinquo, relinquere, reliqui, relictum (3) .... I leave
res, rei (5), f. .... thing, matter, affair
respondeo, respondere, respondi, responsum (2) .... I answer
rex, regis (3), m. .... king
rideo, ridere, risi, risum (2) .... I laugh
ris- (rideo)
rogo, rogare, rogavi, rogatum (1) .... I ask
Romanus, Romana, Romanum .... Roman
ruo, ruere, rui, rutum (3) .... charge

S

sacer, sacra, sacrum .... sacred
saepe .... often
saevus, saeva, saevum .... savage
sagitta, sagittae (1), f. .... arrow
saluto, salutare, salutavi, salutatum (1) .... I greet
sapiens, sapientis (3) .... wise
scribo, scribere, scripsi, scriptum (3) .... I write
scrips- (see scribo)
script- (see scribo)
scutum, scuti (2), n. .... shield
se .... himself, herself, themselves
secundus, secunda, secundum .... second
sed .... but
sedecim .... sixteen

semper	always
senex, senis (3), m.	old man
septem	seven
septendecim	seventeen
septimus, septima, septimum	seventh
septuaginta	seventy
servo, servare, servavi, servatum (1)	save
servus, servi (2), m.	slave
sex	six
sexaginta	sixty
sextus, sexta, sextum	sixth
sic	thus
sine + abl.	without
socius, socii (2), m.	ally
solus, sola, solum	alone
somnus, somni (2), m.	sleep
soror, sororis (3), f.	sister
specto, spectare, spectavi, spectatum (1)	I watch, look at
spes, spei (5), f.	hope
statim	immediately
stet- (see sto)	
sto, stare, steti, statum (1)	I stand
sub + abl.	under
subito	suddenly
sum, esse, fui (irreg.)	I am
super + acc.	above
superbus, superba, superbum	proud
supero, superare, superavi, superatum (1)	I overcome
suus, sua, suum	his own, her own, their own

T

tamen	however
tandem	at last
telum, teli (2), n.	spear, missile
tempestas, tempestatis (3), f.	storm
templum, templi (2), n.	temple
teneo, tenere, tenui, tentum (2)	I hold

terra, terrae (1), f.	land
terreo, terrere, terrui, territum (2)	I frighten
tertius, tertia, tertium	third
timeo, timere, timui (2)	I fear, am afraid of
totus, tota, totum	whole
trado, tradere, tradidi, traditum (3)	I hand over
trans + acc.	across
transeo, transire, transii, transitum (irreg.)	I cross
tredecim	thirteen
tres	three
triginta	thirty
tristis, tristis, triste (3)	sad
tu	you (singular)
tul- (see fero)	
tum	then
turba, turbae (1), f.	crowd
tutus, tuta, tutum	safe
tuus, tua, tuum	your (singular)

U

ubi	when
ubi?	where?
unda, undae (1), f.	wave
undecim	eleven
undeviginti	nineteen
unus, una, unum	one
urbs, urbis (3), f.	city
ut + subj.	to, in order to
uxor, uxoris (3), f.	wife

V

validus, valida, validum	strong
velle (see volo)	
venio, venire, veni, ventum (4)	I come
ventus, venti (2), m.	wind
verbum, verbi (2), n.	word
vester, vestra, vestrum	your (plural)

Latin	English
via, viae (1), f.	street, way
vic- (see vinco)	
video, videre, vidi, visum (2)	see
viginti	twenty
vinco, vincere, vici, victum (3)	I conquer
vinum, vini (2), n.	wine
vir, viri (2), m.	man
virtus, virtutis (3), f.	courage
vis- (see video)	
vivus, viva, vivum	alive
voco, vocare, vocavi, vocatum (1)	I call
volo, velle, volui (irreg.)	I wish, want
vos	you (plural)
vox, vocis (3), f.	voice
vulnero, vulnerare, vulneravi, vulneratum (1)	I wound (verb)
vulnus, vulneris (3), n.	wound (noun)

ENGLISH-LATIN

A

English	Latin
? (open question)	-ne ...?
able, I am	possum, posse, potui (irreg.)
about	de + abl.
above	super + acc.
across	trans + acc.
advise, I	moneo, monere, monui, monitum (2)
affair	res, rei (5), f.
afraid of, I am	timeo, timere, timui (2)
after (prep.)	post + acc.
after (conj.)	postquam
afterwards	postea
again	iterum
against	contra + acc.
alive	vivus, viva, vivum
all	omnis, omnis, omne (3)
ally	socius, socii (2), m.
almost	paene
alone	solus, sola, solum
along	per + acc.
already	iam
also	etiam, quoque
although	quamquam
always	semper
among	inter + acc.
and	et, -que
and not	nec, neque
and so	itaque
anger	ira, irae (1), f.
angry	iratus, irata, iratum
animal	animal, animalis (3), n.
announce, I	nuntio, nuntiare, nuntiavi, nuntiatum (1)
answer, I	respondeo, respondere, respondi, responsum (2)
approach, I	adeo, adire, adii, aditum (irreg.); appropinquo, -quare, -quavi, -quatum (1)
around	circum + acc.

arrive, I	advenio, advenire, adveni, adventum (4)
arrow	sagitta, sagittae (1), f.
ask, I	rogo, rogare, rogavi, rogatum (1)
at last	tandem
attack, I	oppugno, oppugnare, oppugnavi, oppugnatum (1)
away, I am	absum, abesse, afui (irreg.)

B

bad	malus, mala, malum
battle	proelium, proelii (2), n.
be	sum, esse, fui (irreg.)
beautiful	pulcher, pulchra, pulchrum
because	quod
because of	propter + acc.
before (prep.)	ante + acc.
before (conj.)	antequam
believe, I	credo, credere, credidi, creditum + dat. (3)
between	inter + acc.
big	magnus, magna, magnum
body	corpus, corporis (3), n.
bold	audax, audacis (3)
book	liber, libri (2), m.
both ... and ...	et ... et ...
boy	puer, pueri (2), m.
brave	fortis, fortis, forte (3)
bravely	fortiter
bright	clarus, clara, clarum
brother	frater, fratris (3), m.
build, I	aedifico, aedificare, aedificavi, aedificatum (1)
but	autem (2nd word), sed
by	a/ab + abl.
by chance	forte

C

call, I	voco, vocare, vocavi, vocatum (1)
carry, I	porto, portare, portavi, portatum (1); fero, ferre, tuli, latum (irreg.)
carry on, I	gero, gerere, gessi, gestum (3)
catch sight of, I	conspicio, conspicere, conspexi, conspectum (3½)
charge, I	ruo, ruere, rui, rutum (3)
chief	princeps, principis (3), m.
choose, I	lego, legere, legi, lectum (3)
citizen	civis, civis (3), m./f.
city	urbs, urbis (3), f.
clear	clarus, clara, clarum
collect, I	colligo, colligere, collegi, collectum (3)
come, I	venio, venire, veni, ventum (4)
companion	comes, comitis (3), m./f.
conquer, I	vinco, vincere, vici, victum (3)
courage	virtus, virtutis (3), f.
cross, I	transeo, transire, transii, transitum (irreg.)
crowd	turba, turbae (1), f.
cruel	crudelis, crudelis, crudele (3)

D

danger	periculum, periculi (2), n.
daughter	filia, filiae (1), f.
day	dies, diei (5), m.
dead	mortuus, mortua, mortuum
dear	carus, cara, carum
death	mors, mortis (3), f.
decide, I	constituo, constituere, constitui, constitutum (3)
deep	altus, alta, altum
defend, I	defendo, defendere, defendi, defensum (3)
delay	mora, morae (1), f.
depart, I	discedo, discedere, discessi, discessum (3)
desire, I	cupio, cupere, cupivi, cupitum (3½)
destroy, I	deleo, delere, delevi, deletum (2)
difficult	difficilis, difficilis, difficile (3)

do, I	facio, facere, feci, factum (3½); gero, gerere, gessi, gestum (3)
do not ...!	noli (sing.), nolite (pl.) + infin.
down from	de + abl.
drink, I	bibo, bibere, bibi (3)
drive, I	pello, pellere, pepuli, pulsum (3)

E

easy	facilis, facilis, facile (3)
eat, I	consumo, consumere, consumpsi, consumptum (3)
eight	octo
eighteen	duodeviginti
eighth	octavus, octava, octavum
eighty	octoginta
eleven	undecim
enemy	hostes, hostium (3), m. pl.
enter, I	intro, intrare, intravi, intratum (1); ineo, inire, inii, initum (irreg.)
escape, I	effugio, effugere, effugi (3½)
even, also	etiam

F

faith	fides, fidei (5), f.
famous	clarus, clara, clarum
farmer	agricola, agricolae (1), m.
father	pater, patris (3), m.
fear, I	timeo, timere, timui (2)
few	pauci, paucae, pauca
field	ager, agri (2), m.
fifteen	quindecim
fifth	quintus, quinta, quintum
fifty	quinquaginta
fight, I	pugno, pugnare, pugnavi, pugnatum (1)
find, I	invenio, invenire, inveni, inventum (4)
first	primus, prima, primum
five	quinque

flee, I	fugio, fugere, fugi (3½)
food	cibus, cibi (2), m.
for	nam
for a long time	diu
force, I	cogo, cogere, coegi, coactum (3)
forces	copiae, copiarum (1), f. pl.
forty	quadraginta
four	quattuor
fourteen	quattuordecim
fourth	quartus, quarta, quartum
friend	amicus, amici (2), m.
frighten, I	terreo, terrere, terrui, territum (2)
frightened	perterritus, perterrita, perterritum
from	a/ab + abl.

G

gift	donum, doni (2), n.
girl	puella, puellae (1), f.
give, I	do, dare, dedi, datum (1)
go, I	eo, ire, ii (or ivi), itum (irreg.)
go back, I	redeo, redire, redii, reditum (irreg.)
go in, I	intro, intrare, intravi, intratum (1); ineo, inire, inii, initum (irreg.)
go out, I	exeo, exire, exii, exitum (irreg.)
god	deus, dei (2), m.
goddess	dea, deae (1), f.
gold	aurum, auri (2), n.
good	bonus, bona, bonum
great	magnus, magna, magnum
greatly	magnopere
Greek	Graecus, Graeca, Graecum
greet, I	saluto, salutare, salutavi, salutatum (1)
guard, I (verb)	custodio, custodire, custodivi, custoditum (4)
guard (noun)	custos, custodis (3), m.

H

hand over, I	trado, tradere, tradidi, traditum (3)
happy	laetus, laeta, laetum
have, I	habeo, habere, habui, habitum (2)
he, she, it	is, ea, id; ille, illa, illud; hic, haec, hoc
hear, I	audio, audire, audivi, auditum (4)
help (noun)	auxilium, auxilii (2), n.
help, I (verb)	iuvo, iuvare, iuvi, iutum (1)
her (own)	suus, sua, suum
here	hic
herself (see self)	
high	altus, alta, altum
himself (see self)	
his, her, their own	suus, sua, suum
hold, I	teneo, tenere, tenui, tentum (2)
hope	spes, spei (5), f.
horse	equus, equi (2), m.
hour	hora, horae (1), f.
however	tamen (2nd word); autem (2nd word)
huge	ingens, ingentis (3)
hundred	centum
hurry, I	festino, festinare, festinavi, festinatum (1); contendo, contendere, contendi, contentum (3)
husband	coniunx, coniugis (3), m.

I

I	ego
immediately	statim
in	in + abl.
in front of	pro + abl.
in order to	ut + subj.
in order not to	ne + subj.
in vain	frustra
inhabitant	incola, incolae (1), m.
into	in + acc.
island	insula, insulae (1), f.
it (see he, she, it)	

J

journey .... iter, itineris (3), n.

K

kill, I .... interficio, interficere, interfeci, interfectum (3½);
neco, necare, necavi, necatum (1);
occido, occidere, occidi, occisum (3)
king .... rex, regis (3), m.

L

land .... terra, terrae (1), f.
laugh, I .... rideo, ridere, risi, risum (2)
lead, I .... duco, ducere, duxi, ductum (3)
lead back, I .... reduco, reducere, reduxi, reductum (3)
leader .... dux, ducis (3), m.
leave (abandon), I .... relinquo, relinquere, reliqui, relictum (3)
light .... lux, lucis (3), f.
like, I .... amo, amare, amavi, amatum (1)
listen to, I .... audio, audire, audivi, auditum (4)
live, I .... habito, habitare, habitavi, habitatum (1)
long .... longus, longa, longum
look at, I .... specto, spectare, spectavi, spectatum (1)
love, I .... amo, amare, amavi, amatum (1)
lucky .... felix, felicis (3)

M

maidservant .... ancilla, ancillae (1), f.
make, I .... facio, facere, feci, factum (3½)
man .... vir, viri (2), m.; homo, hominis (3), m.
many .... multus, multa, multum
march, I .... contendo, contendere, contendi, contentum (3)
master (slave owner) .... dominus, domini (2), m.
master (teacher) ...... magister, magistri (2), m.
matter .... res, rei (5), f.
meanwhile .... interea
meet, I .... convenio, convenire, conveni, conventum (4)

messenger	nuntius, nuntii (2), m.
middle (of)	medius, media, medium
missile	telum, teli (2), n.
money	pecunia, pecuniae (1), f.
mother	mater, matris (3), f.
mountain	mons, montis (3), m.
move, I	moveo, movere, movi, motum (2)
much	multus, multa, multum
my	meus, mea, meum

N

name	nomen, nominis (3), n.
native land	patria, patriae (1), f.
near	prope + acc.
never	numquam
new	novus, nova, novum
next	deinde
night	nox, noctis (3), f.
nine	novem
nineteen	undeviginti
ninety	nonaginta
ninth	nonus, nona, nonum
noble	nobilis, nobilis, nobile (3)
no one	nemo
nor, and not ...	nec, neque
not	non
nothing	nihil
not to, in order not to	ne + subj.
not want, I do	nolo, nolle, nolui (irreg.)
now	nunc, iam

O

often	saepe
old man	senex, senis (3), m.
on	in + abl.
on behalf of, in front of	pro + abl.
once (upon a time)	olim

one	unus, una, unum
or	aut
order, I	iubeo, iubere, iussi, iussum (2); impero, imperare, imperavi, imperatum (1) + dat.
other	alius, alia, alium
our	noster, nostra, nostrum
out of	e/ex + abl.
overcome, I	supero, superare, superavi, superatum (1)

P

parent	parens, parentis (3), m./f.
part	pars, partis (3), f.
perish, I	pereo, perire, perii, peritum (irreg.)
person	homo, hominis (3), m./f.
persuade, I	persuadeo, persuadere, persuasi, persuasum (2) + dat.
place	locus, loci (2), m.
play, I	ludo, ludere, lusi, lusum (3)
poet	poeta, poetae (1), m.
praise, I	laudo, laudare, laudavi, laudatum (1)
prepare, I	paro, parare, paravi, paratum (1)
present, I am	adsum, adesse, adfui (irreg.)
promise	fides, fidei (5), f.
proud	superbus, superba, superbum
punish, I	punio, punire, punivi, punitum (4)
put, I	pono, ponere, posui, positum (3)

Q

queen	regina, reginae (1), f.
quick	celer, celeris, celere (3)
quickly	celeriter

R

race	gens, gentis (3), f.
read, I	lego, legere, legi, lectum (3)
receive, I	accipio, accipere, accepi, acceptum (3½)

English-Latin: remain – sister

remain, I	maneo, manere, mansi, mansum (2)
return, go back, I	redeo, redire, redii, reditum (irreg.)
reward	praemium, praemii (2), n.
river	flumen, fluminis (3), n.
Roman	Romanus, Romana, Romanum
rule, I	rego, regere, rexi, rectum (3)
run, I	curro, currere, cucurri, cursum (3)

S

sacred	sacer, sacra, sacrum
sad	tristis, tristis, triste (3)
safe	tutus, tuta, tutum
sail, I	navigo, navigare, navigavi, navigatum (1)
sailor	nauta, nautae (1), m.
savage	saevus, saeva, saevum
save, I	servo, servare, servavi, servatum (1)
say, I	dico, dicere, dixi, dictum (3)
sea	mare, maris (3), n.
second	secundus, secunda, secundum
see, I	video, videre, vidi, visum (2)
seek, I	peto, petere, petivi, petitum (3)
seize, I	occupo, occupare, occupavi, occupatum (1)
self (reflexive)	se
self (emphatic)	ipse, ipsa, ipsum
send, I	mitto, mittere, misi, missum (3)
set free, I	libero, liberare, liberavi, liberatum (1)
seven	septem
seventeen	septendecim
seventh	septimus, septima, septimum
seventy	septuaginta
she (see he, she, it)	
shield	scutum, scuti (2), n.
ship	navis, navis (3), f.
shout, I (verb)	clamo, clamare, clamavi, clamatum (1)
shout (noun)	clamor, clamoris (3), m.
show, I	ostendo, ostendere, ostendi, ostentum (3)
sing, I	canto, cantare, cantavi, cantatum (1)
sister	soror, sororis (3), f.

six	sex
sixteen	sedecim
sixth	sextus, sexta, sextum
sixty	sexaginta
sky	caelum, caeli (2), n.
slave	servus, servi (2), m.
sleep, I (verb)	dormio, dormire, dormivi, dormitum (4)
sleep (noun)	somnus, somni (2), m.
slowly	lente
small	parvus, parva, parvum
soldier	miles, militis (3), m.
son	filius, filii (2), m.
soon	mox
spear	hasta, hastae (1), f.
spear, missile	telum, teli (2), n.
stand, I	sto, stare, steti, statum (1)
storm	tempestas, tempestatis (3), f.
street	via, viae (1), f.
strong	validus, valida, validum
strong, brave	fortis, fortis, forte (3)
suddenly	subito
surely?	nonne?
surely ... not ...?	num?
sword	gladius, gladii (2), m.

T

take, I	capio, capere, cepi, captum (3½)
task	opus, operis (3), n.
teacher	magister, magistri (2), m.
tell, I	narro, narrare, narravi, narratum (1)
temple	templum, templi (2), n.
ten	decem
tenth	decimus, decima, decimum
than	quam
that	ille, illa, illud; is, ea, id
their own	suus, sua, suum
themselves (see self)	
the rest of (plural)	ceteri, ceterae, cetera

the same	idem, eadem, idem
then	tum
then (next)	deinde
there	ibi
therefore	igitur
these (see this)	
they (see he, she, it)	
thing	res, rei (5), f.
third	tertius, tertia, tertium
thirteen	tredecim
thirty	triginta
this	hic, haec, hoc
those (see that)	
thousand	mille
three	tres
through	per + acc.
throw, I	iacio, iacere, ieci, iactum (3½)
thus	sic
tired	fessus, fessa, fessum
to (towards)	ad + acc.
to (in order to)	ut + subj.
today	hodie
tomorrow	cras
towards	ad + acc.
town	oppidum, oppidi (2), n.
trust	fides, fidei (5), f.
twelve	duodecim
twenty	viginti
two	duo

U

under	sub + abl.

V

voice	vox, vocis (3), f.

W

wait for, I	exspecto, exspectare, exspectavi, exspectatum (1)
walk, I	ambulo, ambulare, ambulavi, ambulatum (1)
wall	murus, muri (2), m.
wander, I	erro, errare, erravi, erratum (1)
want, I	cupio, cupere, cupivi, cupitum (3½); volo, velle, volui (irreg.)
war	bellum, belli (2), n.
warn, I	moneo, monere, monui, monitum (2)
watch, I	specto, spectare, spectavi, spectatum (1)
water	aqua, aquae (1), f.
wave	unda, undae (1), f.
way	via, viae (1), f.
we	nos
weapons	arma, armorum (2), n. pl.
well	bene
well known	notus, nota, notum
what?	quid?
when	ubi
where?	ubi?
which	qui, quae, quod
while	dum
who	qui, quae, quod
who?	quis?
whole	totus, tota, totum
why?	cur?
wife	uxor, uxoris (3), f.; coniunx, coniugis (3), f.
wind	ventus, venti (2), m.
wine	vinum, vini (2), n.
wise	sapiens, sapientis (3)
wish	volo, velle, volui (irreg.)
with	cum + abl.
without	sine + abl.
woman	femina, feminae (1), f.; mulier, mulieris (3), f.
word	verbum, verbi (2), n.
work (noun)	labor, laboris (3), m.
work, task (noun)	opus, operis (3), n.
work, I (verb)	laboro, laborare, laboravi, laboratum (1)

wound, I (verb)	vulnero, vulnerare, vulneravi, vulneratum (1)
wound (noun)	vulnus, vulneris (3), n.
wretched	miser, misera, miserum
write, I	scribo, scribere, scripsi, scriptum (3)

year	annus, anni (2), m.
yesterday	heri
you (singular)	tu
you (plural)	vos
young man	iuvenis, iuvenis (3), m.
your (singular)	tuus, tua, tuum
your (plural)	vester, vestra, vestrum

SECTIONS FOR LEARNING

Level 1 = (L1) ☐   Level 2 = (L2) ☐   Level 3 = (L3) ☐

ADJECTIVES
First/second declension

(L1) 1

altus	alta	altum	high, deep
bonus	bona	bonum	good
clarus	clara	clarum	clear, bright, famous
fessus	fessa	fessum	tired
iratus	irata	iratum	angry
laetus	laeta	laetum	happy
magnus	magna	magnum	big, great
malus	mala	malum	bad
meus	mea	meum	my
miser	misera	miserum	wretched

(L1) 2

multus	multa	multum	much, many
noster	nostra	nostrum	our
notus	nota	notum	well known
novus	nova	novum	new
parvus	parva	parvum	small
perterritus	perterrita	perterritum	frightened
pulcher	pulchra	pulchrum	beautiful
Romanus	Romana	Romanum	Roman
sacer	sacra	sacrum	sacred
saevus	saeva	saevum	savage

(L1) 3

suus	sua	suum	his own, her own, their own
tutus	tuta	tutum	safe
tuus	tua	tuum	your (sing.)
validus	valida	validum	strong
vester	vestra	vestrum	your (pl.)

ADJECTIVES (continued)

L2

carus	cara	carum	dear
ceteri	ceterae	cetera	the rest of (pl.)
Graecus	Graeca	Graecum	Greek
longus	longa	longum	long
medius	media	medium	middle (of)
mortuus	mortua	mortuum	dead
pauci	paucae	pauca	few
solus	sola	solum	alone
vivus	viva	vivum	alive

4

L3

alius	alia	aliud	other
celer	celeris	celere	quick
superbus	superba	superbum	proud
totus	tota	totum	whole

5

Third declension

L2

crudelis	crudelis	crudele	cruel
difficilis	difficilis	difficile	difficult
facilis	facilis	facile	easy
fortis	fortis	forte	brave, strong
nobilis	nobilis	nobile	noble
omnis	omnis	omne	all
tristis	tristis	triste	sad
audax	audacis		bold
felix	felicis		lucky
ingens	ingentis		huge
sapiens	sapientis		wise

6

ADVERBS

L1

bene	well
deinde	then, next
diu	for a long time
fortiter	bravely
hic	here
iam	now, already
ibi	there

L1

iterum	again
magnopere	greatly
mox	soon
non	not
numquam	never
olim	once

L1

saepe	often
semper	always
sic	thus
statim	immediately
subito	suddenly
tamen	however
tandem	at last

L2

celeriter	quickly
cras	tomorrow
forte	by chance
frustra	in vain
heri	yesterday
hodie	today
nunc	now
postea	afterwards
quam	than
quoque	also
tum	then

ADVERBS (continued)

(L3)

interea	meanwhile	11
lente	slowly	
paene	almost	

CONJUNCTIONS

(L1)

et	and	12
igitur	therefore	
itaque	and so	
quod	because	
sed	but	
ubi	when	

(L2)

antequam	before	13
et ... et ...	both ... and ...	
nam	for	
postquam	after	
quamquam	although	
-que	and	

(L3)

aut	or	14
dum	while	
ne	not to, in order not to	
nec, neque	nor, and not	
ut	to, in order to	

NOUNS
First declension, mostly feminine

L1	ancilla	ancillae	f.	maidservant	15
	aqua	aquae	f.	water	
	dea	deae	f.	goddess	
	femina	feminae	f.	woman	
	filia	filiae	f.	daughter	
	hasta	hastae	f.	spear	
	insula	insulae	f.	island	
	ira	irae	f.	anger	
	patria	patriae	f.	native land	

L1	pecunia	pecuniae	f.	money	16
	puella	puellae	f.	girl	
	regina	reginae	f.	queen	
	sagitta	sagittae	f.	arrow	
	terra	terrae	f.	land	
	turba	turbae	f.	crowd	
	unda	undae	f.	wave	
	via	viae	f.	street, way	

L1	agricola	agricolae	m.	farmer	17
	incola	incolae	m./f.	inhabitant	
	nauta	nautae	m.	sailor	
	poeta	poetae	m.	poet	

L2	copiae	copiarum	f. pl.	forces	18
	mora	morae	f.	delay	

| L3 | hora | horae | f. | hour | 19 |

NOUNS (continued)
Second declension, masculine

L1	ager	agri	m.	field	20
	amicus	amici	m.	friend	
	cibus	cibi	m.	food	
	deus	dei	m.	god	
	dominus	domini	m.	master	
	equus	equi	m.	horse	
	filius	filii	m.	son	
	gladius	gladii	m.	sword	

L1	liber	libri	m.	book	21
	locus	loci	m.	place	
	magister	magistri	m.	teacher, master	
	murus	muri	m.	wall	
	nuntius	nuntii	m.	messenger	
	puer	pueri	m.	boy	
	servus	servi	m.	slave	
	socius	socii	m.	ally	
	ventus	venti	m.	wind	
	vir	viri	m.	man	

L3	annus	anni	m.	year	22
	somnus	somni	m.	sleep	

NOUNS (continued)
Second declension, neuter

L1

aurum	auri	n.	gold	
auxilium	auxilii	n.	help	
bellum	belli	n.	war	
caelum	caeli	n.	sky	
oppidum	oppidi	n.	town	
periculum	periculi	n.	danger	
proelium	proelii	n.	battle	
scutum	scuti	n.	shield	
templum	templi	n.	temple	
verbum	verbi	n.	word	
vinum	vini	n.	wine	

L2

arma	armorum	n. pl.	weapons
donum	doni	n.	gift

L3

praemium	praemii	n.	reward
telum	teli	n.	spear, missile

NOUNS (continued)
Third declension

L2

civis	civis	m.	citizen
clamor	clamoris	m.	shout
comes	comitis	m./f.	companion
coniunx	coniugis	m./f.	wife, husband
dux	ducis	m.	leader
frater	fratris	m.	brother
homo	hominis	m./f.	man, person
hostes	hostium	m. pl.	enemy

26

L2

iuvenis	iuvenis	m.	young man
miles	militis	m.	soldier
mons	montis	m.	mountain
parens	parentis	m./f.	parent
pater	patris	m.	father
rex	regis	m.	king
senex	senis	m.	old man

27

L3

custos	custodis	m.	guard
labor	laboris	m.	work
princeps	principis	m.	chief

28

L2

lux	lucis	f.	light
mater	matris	f.	mother
mors	mortis	f.	death
mulier	mulieris	f.	woman
navis	navis	f.	ship
pars	partis	f.	part
soror	sororis	f.	sister
urbs	urbis	f.	city
uxor	uxoris	f.	wife
virtus	virtutis	f.	courage
vox	vocis	f.	voice

29

NOUNS (continued)

L3 — 30

gens	gentis	f.	race
nox	noctis	f.	night
tempestas	tempestatis	f.	storm

L2 — 31

corpus	corporis	n.	body
flumen	fluminis	n.	river
iter	itineris	n	journey
mare	maris	n.	sea
nomen	nominis	n.	name
vulnus	vulneris	n.	wound

L3 — 32

animal	animalis	n.	animal
opus	operis	n.	work

Fifth declension

L3 — 33

dies	diei	m.	day
fides	fidei	f.	trust, faith, promise
res	rei	f.	thing, matter, affair
spes	spei	f.	hope

Irregular

L2 — 34

nemo			no one
nihil			nothing

NUMBERS
Cardinal

(L1)
unus	one	35
duo	two	
tres	three	
quattuor	four	
quinque	five	
sex	six	
septem	seven	
octo	eight	
novem	nine	
decem	ten	

(L2)
undecim	eleven	36
duodecim	twelve	
tredecim	thirteen	
quattuordecim	fourteen	
quindecim	fifteen	
sedecim	sixteen	
septendecim	seventeen	
duodeviginti	eighteen	
undeviginti	nineteen	
viginti	twenty	

(L3)
triginta	thirty	37
quadraginta	forty	
quinquaginta	fifty	
sexaginta	sixty	
septuaginta	seventy	
octoginta	eighty	
nonaginta	ninety	
centum	a hundred	
mille	a thousand	

NUMBERS (continued)
Ordinal

(L1)

primus	prima	primum	first
secundus	secunda	secundum	second
tertius	tertia	tertium	third
quartus	quarta	quartum	fourth
quintus	quinta	quintum	fifth
sextus	sexta	sextum	sixth
septimus	septima	septimum	seventh
octavus	octava	octavum	eighth
nonus	nona	nonum	ninth
decimus	decima	decimum	tenth

38

PARTICLES

L1	etiam	even, also
L2	autem	however, but

PREPOSITIONS

L1		
	a/ab + abl.	from, by
	ad + acc.	to, towards
	contra + acc.	against
	cum + abl.	with
	de + abl.	down from, about
	e/ex + abl.	out of
	in + abl.	in, on
	in + acc.	into
	per + acc.	through, along
	prope + acc.	near
	trans + acc.	across

L2		
	ante + acc.	before
	circum + acc.	around
	inter + acc.	among, between
	post + acc.	after
	pro + abl.	on behalf of, in front of
	propter + acc.	because of
	sine + abl.	without
	sub + abl.	under
	super + acc.	above

PRONOUNS

L1

ego	I
nos	we
tu	you (sing.)
vos	you (pl.)

L2

hic	haec	hoc	he, she, it; this
ille	illa	illud	he, she, it; that
is	ea	id	he, she, it; that
se			himself, herself, themselves

L3

idem	eadem	idem	the same
ipse	ipsa	ipsum	himself, herself itself
qui	quae	quod	who, which

QUESTION WORDS

L1

cur?	why?
-ne?	(open question)
quid?	what?
quis?	who?
ubi?	where?

L2

nonne?	surely ...? (expecting the answer 'yes')
num?	surely ... not ...? (expecting the answer 'no')

VERBS
First conjugation

L1

aedifico	aedificare	aedificavi	aedificatum	I build
ambulo	ambulare	ambulavi	ambulatum	I walk
amo	amare	amavi	amatum	I love, like
canto	cantare	cantavi	cantatum	I sing
clamo	clamare	clamavi	clamatum	I shout
do	dare	dedi	datum	I give
festino	festinare	festinavi	festinatum	I hurry
habito	habitare	habitavi	habitatum	I live
intro	intrare	intravi	intratum	I enter, go in
laboro	laborare	laboravi	laboratum	I work

L1

laudo	laudare	laudavi	laudatum	I praise
navigo	navigare	navigavi	navigatum	I sail
neco	necare	necavi	necatum	I kill
oppugno	oppugnare	oppugnavi	oppugnatum	I attack
paro	parare	paravi	paratum	I prepare
porto	portare	portavi	portatum	I carry
pugno	pugnare	pugnavi	pugnatum	I fight
rogo	rogare	rogavi	rogatum	I ask
servo	servare	servavi	servatum	I save
specto	spectare	spectavi	spectatum	I watch
sto	stare	steti	statum	I stand
supero	superare	superavi	superatum	I overcome
voco	vocare	vocavi	vocatum	I call

L2

appropinquo	-quare	-quavi	-quatum	I approach
erro	errare	erravi	erratum	I wander
exspecto	exspectare	exspectavi	exspectatum	I wait for
libero	liberare	liberavi	liberatum	I set free
narro	narrare	narravi	narratum	I tell
nuntio	nuntiare	nuntiavi	nuntiatum	I announce
occupo	occupare	occupavi	occupatum	I seize
saluto	salutare	salutavi	salutatum	I greet
vulnero	vulnerare	vulneravi	vulneratum	I wound

VERBS (continued)

(L3)

impero	imperare	imperavi	imperatum + dat.	I order
iuvo	iuvare	iuvi	iutum	I help

51

Second conjugation

(L1)

deleo	delere	delevi	deletum	I destroy
habeo	habere	habui	habitum	I have
iubeo	iubere	iussi	iussum	I order
maneo	manere	mansi	mansum	I remain
moneo	monere	monui	monitum	I warn
moveo	movere	movi	motum	I move
respondeo	respondere	respondi	responsum	I answer
rideo	ridere	risi	risum	I laugh
teneo	tenere	tenui	tentum	I hold
terreo	terrere	terrui	territum	I frighten
timeo	timere	timui		I fear
video	videre	vidi	visum	I see

52

(L3)

persuadeo	persuadere	persuasi	persuasum + dat.	I persuade

53

VERBS (continued)
Third conjugation

L1 | 54
bibo	bibere	bibi	–	I drink
constituo	constituere	constitui	constitutum	I decide
consumo	consumere	consumpsi	consumptum	I eat
curro	currere	cucurri	cursum	I run
dico	dicere	dixi	dictum	I say
discedo	discedere	discessi	discessum	I depart
duco	ducere	duxi	ductum	I lead

L1 | 55
lego	legere	legi	lectum	I read, choose
ludo	ludere	lusi	lusum	I play
mitto	mittere	misi	missum	I send
ostendo	ostendere	ostendi	ostentum	I show
pono	ponere	posui	positum	I put
rego	regere	rexi	rectum	I rule
scribo	scribere	scripsi	scriptum	I write

L2 | 56
colligo	colligere	collegi	collectum	I collect
defendo	defendere	defendi	defensum	I defend
gero	gerere	gessi	gestum	I carry on, do
occido	occidere	occidi	occisum	I kill
reduco	reducere	reduxi	reductum	I lead back
ruo	ruere	rui	rutum	I charge
trado	tradere	tradidi	traditum	I hand over
vinco	vincere	vici	victum	I conquer

L3 | 57
cogo	cogere	coegi	coactum	I force
contendo	contendere	contendi	contentum	I hurry, march
credo	credere	credidi	creditum + dat.	I believe
pello	pellere	pepuli	pulsum	I drive
peto	petere	petivi	petitum	I seek
relinquo	relinquere	reliqui	relictum	I leave

VERBS (continued)
Fourth conjugation

L1
audio	audire	audivi	auditum	I hear	58
dormio	dormire	dormivi	dormitum	I sleep	
venio	venire	veni	ventum	I come	

L2
advenio	advenire	adveni	adventum	I arrive	59
invenio	invenire	inveni	inventum	I find	
punio	punire	punivi	punitum	I punish	

L3
convenio	convenire	conveni	conventum	I meet	60
custodio	custodire	custodivi	custoditum	I guard	

Mixed conjugation

L1
capio	capere	cepi	captum	I take	61
cupio	cupere	cupivi	cupitum	I desire	
facio	facere	feci	factum	I make, do	
iacio	iacere	ieci	iactum	I throw	

L2
accipio	accipere	accepi	acceptum	I receive	62
conspicio	conspicere	conspexi	conspectum	I catch sight of	
effugio	effugere	effugi	–	I escape	
fugio	fugere	fugi	–	I flee	

L3
interficio	interficere	interfeci	interfectum	I kill	63

VERBS (continued)
Irregular

L1

absum	abesse	afui	–	I am away	64
adsum	adesse	adfui	–	I am present	
sum	esse	fui	–	I am	

L2

eo	ire	ivi/ii	itum	I go	65
exeo	exire	exii	exitum	I go out	
ineo	inire	inii	initum	I go in	
noli	nolite + infin.			do not ...!	
pereo	perire	perii	peritum	I perish	
possum	posse	potui		I am able	
redeo	redire	redii	reditum	I return, go back	
transeo	transire	transii	transitum	I cross	

L3

adeo	adire	adii	aditum	I approach	66
fero	ferre	tuli	latum	I carry	
nolo	nolle	nolui	–	I do not want	
volo	velle	volui	–	I wish	